ル・クルーゼで料理

2

ゆっくりつくる編

平野由希子

天然生活ブックス

これまでのル・クルーゼのレシピ集は、忙しい人たちのことを考えて、
なるべくシンプルに、少ない材料、手順、短い時間でできるように作りました。
この本では、材料、手順が少ないのはいつもと変わりませんが、
いつもより長い時間をかけて料理を作っています。
それは「どうやったら料理はもっとおいしくなるか」ということを目的にしたから。

1時間煮込むだけでも、ル・クルーゼでなら十分においしく料理が作れます。
でも、それを2〜3時間かけてゆっくりと煮てみたら……。
時間は何倍かになりますが、そのおいしさは何十倍にもなる、
といってもいい過ぎではないはず。
短時間でできあがる料理は、それぞれの素材の味が生きた料理ですが、
それをそのままゆっくり時間をかけてみたら、
その料理のもつ奥行き、味わい深さ、濃度にきっと驚くことでしょう。

お鍋の中の素材、水分は変化して一体化し、深みのあるスープ、ソースが作り出されます。
何の調味料を加えるわけでもなく、何をするわけでもありません。
することはただ、火にかけること、置いておくこと、せいぜいその程度です。
味が物足りないな、そう思うときには、いつもより時間をかけてみればいいのです。

お鍋と時間の作り出す魔法。
時にはゆっくり料理をしてみませんか。料理はもっともっとおいしくなります。

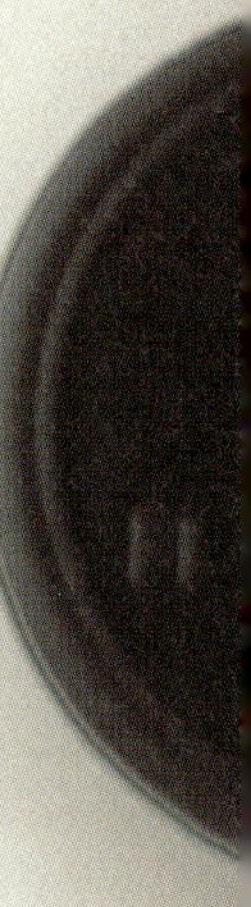

ゆっくり作るから、料理はおいしくなる

ル・クルーゼの力は、ゆっくりと火にかけ続けたとき、いっそうの味のふくらみとなって表れます。とろけるようなやわらかさや味のまろみを実感してください。

煮豚

[調理時間 2時間30分〜]

やわらかい熱を、細く長く加え続けて
生まれる、ほろりと崩れるような
やわらかさと、こっくりとした味わい。

材料（作りやすい分量）
豚バラかたまり肉　800g
長ねぎ（青い部分）　1本分
しょうが　1かけ
半熟ゆで卵　4個
〈煮汁〉
酒　½カップ
しょうゆ　大さじ4
三温糖（または砂糖）　大さじ3
にんにく（丸ごと）　1片
八角　1個

作り方

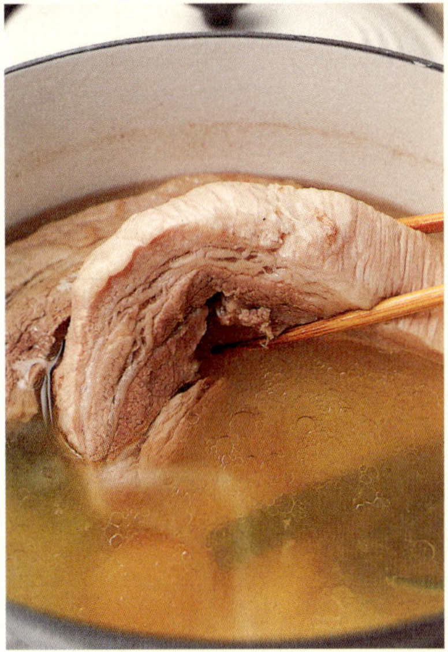

1. 鍋に豚肉をかたまりのまま入れ、かぶるくらいのたっぷりの水と、臭み消しのねぎ、半分に切ったしょうがを加え、火にかける。煮立ったら弱火にしてふたをし、1～1時間30分、静かにゆでる。

2. 1時間後。白い脂身の部分にやや透明感が出てくる。

3. 1時間半後。脂身の透明感がさらに増し、菜箸で持ち上げるとくたっとするくらいのやわらかさに。

4. 肉を取り出し、5 ～ 7cm 長さに切る。ゆで汁は煮込み用に 1½ カップを取りおく。余ったゆで汁はスープなどに活用を。

5. 油をひかずにフライパンを熱し、豚肉の脂身のほうを下にして並べ入れ、順に全面を薄く色づくまで焼き付ける。こうすることで余分な脂が落ち、仕上がりの脂っぽさを抑えられる。

6. 鍋に **5**、**4** で取りおいたゆで汁、煮汁の材料を加えて火にかけ、煮立ったら弱火にしてふたをし、約 1 時間、ゆっくり煮込む。

7. 30分後。肉と調味料の旨みが混じり合った煮汁が、徐々に肉にしみ込んできたところ。この段階でほぼできあがってはいるが、さらに30分煮込むことで、より味がなじむ。

8. 1時間後。煮汁がよくしみた豚肉は濃い茶色に染まり、ル・クルーゼのやわらかい熱の力でとろりとしたやわらかさに。

9. 殻をむいたゆで卵を入れ、2分ほど煮たら火を止め、余熱で味をしみ込ませる。火を止めてからひと晩おき、汁の表面に浮いて固まった白い脂を取り除けば、よりさっぱりとした口当たりになる。

ミネストローネ

［調理時間 3時間20分～］

とりどりの野菜と豆が鍋の中で
溶け合って作り出される深い甘みと
とろみ。煮崩れてこそのおいしさです。

材料（3～4人分）
いんげん豆（乾燥） 1カップ
さやいんげん 10本
キャベツ 3枚
トマト 2個
玉ねぎ 1個
にんじん ½本
セロリ ½本
セロリ（細い部分） 1本
ズッキーニ 1本
じゃがいも 1個
ベーコン 2枚
鶏手羽先 2本
タイム 2～3本
ローリエ 1枚
パルメザンチーズの皮（あれば） 適量
オリーブ油 大さじ2
塩、こしょう 各適量

作り方

1. いんげん豆はたっぷりの水にひと晩つけてもどし、ざるにあげる。新たにたっぷりの水とともに鍋に入れ、セロリ（細い部分)、タイム1枝を加えて火にかける。

2. 煮立ったら弱火にしてふたをし、やわらかくなるまで1時間ゆでる。豆とゆで汁を分け、ゆで汁と水を合わせて7～8カップにする。

3. いんげんは1cm長さに切り、キャベツはざく切りにする。トマトは皮を湯むきし、種とそのまわりを取り除き、ざく切りにする。その他の野菜は1cm角に切る。手羽先はだしが出るように切り目を入れる。ベーコンは1cm幅に切る。

4. 鍋にオリーブ油を熱し、ベーコン、玉ねぎの順にさっと炒め、ふたをして 3 ～ 4 分、ときどき混ぜながら加熱する。しんなりしたらトマト以外の野菜を加え、塩少々をふって炒め、ふたをして 3 ～ 4 分、ときどき混ぜながら加熱する。

5. 野菜がしんなりしたらトマトを加えて炒める。

6. 手羽先、ローリエ、タイム、チーズの皮、2 の豆とゆで汁を加え、強めの中火にかける。煮立ったらアクを除き、弱火にしてふたをし、2 時間以上、時間があれば 3 時間煮込む。少々のアクは旨みのうちなので、最初に浮いた分だけをすくい取ればよい。

7. 1時間後。野菜はこの段階でかなりやわらかくなっているが、ここからさらに煮込むことで、さまざまな素材の旨みが一体になる。

8. 2時間後。具が煮崩れてトロリとしはじめ、野菜の色が出て液体の色が初めより濃くなってくる。

9. 3時間後。豆も野菜も肉もトロトロに煮崩れ、ぽってりとして、やさしい味わいのスープに。塩、こしょうで味を調え、身がほろほろにはがれ落ちた手羽先の骨を取り除き、器に盛る。

C o n t e n t s

chapter 3 ——豆料理

ゆでたて豆のオイル＆チーズあえ……64

いんげん豆とベーコンの煮込み……66

ひよこ豆の玄米ピラフ……68

レンズ豆とほうれん草のカレー……70

ひよこ豆と子羊の蒸し煮……71

炒り大豆と手羽先のうま煮……72

ぜんざい……74

いんげん豆のモンブラン……74

chapter 4 ——スープ

チキンブイヨン……78

えびとあさりのトマトスープ……80

干し貝柱と冬瓜のスープ……82

干ししいたけと鶏手羽のスープ……83

chapter 5 ——保存食

鴨のリエット……86

かきのオイル煮……88

砂肝のコンフィ……89

手羽先のコンフィ……90

じゃがいもソテー……90

Column

煮込み時間に合わせた塩の「塩梅」に……34

豆の煮込み時間はたった10分？……62

手羽先２本から生まれるだし……76

「余熱」や「煮直し」にも頼る……84

料理はココット・ロンド 22cm、
ココット・オーバル 25cm、27cm を使って
調理しています。

レシピ中の大さじ 1 は 15mℓ、
小さじ 1 は 5mℓ、1 カップは 200mℓ です。
いずれもすりきりです。

塩は自然塩を使っています。
小さじ 1 は 4g、大さじ 1 は 12g です。

適量とは、調理時の水分や塩分、
味の好みなどで量の加減をすることです。

調理時間には、浸水時間、漬け込み時間、
乾物をもどす時間、冷ます時間は含まれません。

お鍋に関するお問い合わせは、
ル・クルーゼ ジャポン(☎03-3585-0198) へ。

Chapter 1

肉料理

ル・クルーゼの鍋は、肉が生み出す味わいの力強さを教えてくれます。分厚い鍋の中でことことと煮込んだ肉は、そのものの旨みと、野菜や調味料の旨みとが複雑に溶け合い、いっそう味を深めます。いったん火から下ろして、余熱でゆっくりと火を入れて……そんな楽しみ方も、ル・クルーゼならではです。

ミートソース

牛肉、香味野菜、きのこ、ワイン……。やわらかい熱に
包まれて旨みが一体になり、角のとれたふくよかな味に。

材料（3～4人分）
牛ひき肉　500g
セロリ　½本
にんじん　⅓本
マッシュルーム　6個
玉ねぎ　1個
にんにく　2片
ホールトマト缶　2缶
バター、オリーブ油　各大さじ1
オレガノ（ドライ）　小さじ⅓
赤ワイン　1カップ
ローリエ　1枚
塩、こしょう　適量

作り方

1. セロリ、にんじん、マッシュルームは5mm角に、玉ねぎ、にんにくはみじん切りにする。
2. 鍋にバター、オリーブ油、にんにくを入れて中火で熱し、にんにくが色づいたら、玉ねぎ、オレガノを入れて炒める。
3. 油がまわったら、弱火にしてふたをし、焦げつかないようにときどき混ぜながら10～20分加熱する。玉ねぎがしんなりとしたら、ふたを取って薄く色づくまで炒める。
4. ひき肉を加え、こんがりと色づくまで焼き付け、ひっくり返して反対側も焼き付けてから、ほぐすように炒める。
5. 赤ワインを加えて煮立て、**1**、トマト缶、水1カップ、ローリエ、塩小さじ2、こしょうを加える。再び煮立ったら弱火にし、ふたをして1時間以上、時間があれば2時間煮込む。
   1時間煮ればほぼ完成だが、そこからさらに1時間煮込むことで、肉や野菜の旨みや甘みが一体化して味に深みが出る。
6. 塩適量を加えた熱湯でゆでたスパゲッティ（分量外）にかけ、パルメザンチーズのすりおろし（分量外）をふって食べる。

［調理時間 1時間30分～］

水なしで煮込むビーフカレー

鍋と塩が野菜から引き出す豊かな水分が、牛肉の濃厚な
旨みと重なり、味の深みを醸し出します。

材料(3 〜 4 人分)
牛肉(カレー用)　400g
玉ねぎ　3 個
長ねぎ　1 本
セロリ　1 本
マッシュルーム　6 個
にんじん　1 本
にんにく　1 片
しょうが　1 かけ
ホールトマト缶　½ 缶
バター　大さじ 1
オリーブ油　大さじ 3
赤ワイン　1 カップ
ローリエ　1 枚
カレー粉　大さじ 3
好みのスパイス(クミン、コリアンダー、ターメリックなど合わせて)
　大さじ 1
塩、こしょう　各適量

※スパイス類が用意できなければカレー粉を大さじ 4 に増やしても。

作り方

1. 玉ねぎと長ねぎは半分に切り、繊維を断ち切るように薄切りに、長ねぎは薄い小口切りにする。セロリ、マッシュルームも薄切りに、にんじんは薄いいちょう切りにし、にんにく、しょうがはみじん切りに。
2. 鍋を中火で熱してバターを加え、パチパチとはねなくなったら牛肉を加え、全面をこんがりと焼き付け、いったん取り出す。
3. 鍋にオリーブ油大さじ 2、にんにく、しょうがを入れて弱火で熱し、香りが出たら玉ねぎ、長ねぎ、塩少々を加えてさっと炒める。弱火にしてふたをし、ときどき混ぜながら、しんなりするまで 10 分ほど加熱する。
4. セロリ、にんじん、マッシュルームも加え、塩少々をふってさっと炒める。ふたをして、ときどき混ぜながらさらに 10 分ほど加熱する。
   野菜から出る水分や、ふたの内側についた水蒸気の水分を逃さず生かしたいので、混ぜるとき以外は、ふたを開けすぎないように。
5. 牛肉を戻し入れ、赤ワインを注いで中火でひと煮立ちさせ、トマト缶、ローリエを加える。再び煮立ったら弱火にし、ふたをして 1 時間煮込む。
6. フライパンに残りのオリーブ油を熱し、カレー粉、スパイス類を炒めて香りを出す。**5** の鍋に加えて弱火にし、ふたをして 1 時間以上、時間があれば 2 時間煮て、仕上げに塩、こしょう各適量、スパイス類(分量外)で味を調える。

［調理時間 1 時間 30 分〜］

夏野菜のチキンカレー

手羽元のだしと、さわやかな甘みを含む夏野菜の水分を
生かし、水なし、ブイヨンなしで煮込んだカレーです。

材料（3～4人分）
鶏手羽元　8本
玉ねぎ　3個
トマト　4個
なす　3本
ズッキーニ　1本
パプリカ（赤）　1個
かぼちゃ　1/6個
セロリ　1/2本
にんにく　2片
塩、こしょう　各適量
オリーブ油　大さじ2～3
カレー粉　大さじ3
好みのスパイス（クミン、コリアンダー、ターメリックなど合わせて）
　大さじ1

※スパイス類が用意できなければカレー粉を大さじ4に増やしても。

作り方

1. 玉ねぎは半分に切り、繊維を断ち切るように薄切りにし、トマトは湯むきしてざく切りに。なす、ズッキーニ、パプリカ、かぼちゃはひと口大の乱切りにし、セロリは薄切りにする。にんにくは半分に切る。
2. 鶏肉は水気をよく拭いて、塩、こしょう各少々をふり、フライパンにオリーブ油大さじ1を強火で熱し、表面を焼き付け、取り出す。
3. 同じフライパンになす、ズッキーニ、パプリカを入れ、塩、こしょう各少々をふって炒める。カレー粉、スパイスも加えて炒め、香りが出たら取り出す。
4. 鍋にオリーブ油大さじ1、にんにくを入れて弱めの中火で炒める。香りが出たら玉ねぎを加え、塩少々を加えてさっと炒め、弱火にしてふたをする。ときどきかきまぜながら10分ほど加熱する。セロリも加えて混ぜ、塩少々をふってふたをし、ときどき混ぜながらさらに10分ほど加熱する。
   野菜から出る水分や、ふたの内側についた水蒸気の水分を逃さず生かしたいので、混ぜるとき以外はふたを開けすぎないように。
5. トマト、手羽元を加えて1時間ほど煮込む。**3**を加えてさらに30分～1時間煮て、かぼちゃも加えて15分煮込む。塩、こしょう、スパイス類（分量外）で味を調える。
   ［調理時間 2時間30分～］

塩味の肉じゃが

いつもより気長に、ことことと煮ることで、じゃがいもの
甘みを再発見。豚バラのだしもしっかりしみています。

材料(3～4人分)

豚バラ薄切り肉　150g
じゃがいも(メークイーン)
　3個
玉ねぎ　1個
にんにく　1片
タイム　2枝
塩　適量
オリーブ油　大さじ1
白ワイン　¼カップ
ローリエ　1枚
粗びき黒こしょう　適量

作り方

1. 豚肉をバットなどに入れ、塩小さじ1をまぶし、30分以上おき(冷蔵庫でひと晩おいてもよい)、出た水けを拭く。じゃがいもは皮をむき半分に、玉ねぎは1.5cm幅のくし形に切る。
2. 鍋にオリーブ油を中火で熱し、豚肉を炒める。色が変わったら玉ねぎ、じゃがいもを加えて炒め合わせる。
3. ワインを加えてひと煮立ちさせ、水2カップ、皮をむいた丸のままのにんにく、タイム、ローリエを加え、ふたをして弱火で1時間煮る。**男爵よりも粘質の強いメークイーンは、ふたをしてじっくり煮込むことで、煮くずれずに味がしみ込む。**
4. 火を止め、粗熱がとれるまでおいて味をなじませ、もう一度温め直し、塩、こしょうで味を調える。

[調理時間 1時間30分～]

豚ときのこのバルサミコ煮

ル・クルーゼとバルサミコ酢のコンビが作り出す、
まろやかな酸味とどっしりとしたコクが絶妙。

材料（3～4人分）

豚肩かたまり肉　600g
エリンギ　2本
マッシュルーム　1パック
玉ねぎ　½個
ホールトマト缶　1缶
塩、こしょう　適量
小麦粉　適量
オリーブ油　大さじ1
バター　大さじ2
バルサミコ酢　½カップ
赤ワイン　½カップ
ローリエ　1枚

作り方

1. 豚肉は3～4cm角に切り、塩、こしょう各少々をふり、小麦粉を薄くまぶす。エリンギはひと口大の乱切りにし、マッシュルームは半分に切る。玉ねぎは繊維を断ち切るようにして薄切りにする。
2. 鍋にオリーブ油を熱し、豚肉の全面をこんがりと焼き付け、いったん取り出す。続けてバター大さじ1を入れて溶かし、玉ねぎを加え、しんなりとするまで炒め、豚肉を戻し入れる。
3. バルサミコ酢を加え、ふたをせずに半量になるまで煮詰める。赤ワインを加えて煮立て、トマト缶、塩小さじ1、ローリエを加える。再び煮立ったら弱火にしてふたをし、1時間30分～2時間、弱火で煮る。
   じっくり加熱し、さらにバルサミコ酢の酸の力が加わることによって、肉がやわらかく仕上がる。
4. フライパンにバター大さじ1を入れて溶かし、エリンギ、マッシュルームをさっと炒め、**3**の鍋に加えて15分ほど煮る。塩、こしょうで味を調える。

［調理時間 2時間～］

豚肉の牛乳煮

ル・クルーゼごとオーブンに入れ、じっくり熱を加えます。
牛乳と豚肉の脂が混じり合い、チーズのように濃厚。

材料（3～4人分）
豚肩かたまり肉　600g
にんにく　1片
セージ　6～8枚
牛乳　4カップ
塩、こしょう　各適量
バター　大さじ1

作り方

1. 豚肉は塩大さじ½をまぶしてラップで覆い、冷蔵庫に2時間以上、できればひと晩おく。塩を洗い流し、水けをよく拭く。
豚肉を塩漬けの状態にすることで、余分な水分が抜け、旨みが濃厚になる。
2. 鍋にバターを入れて強めの中火で熱し、**1**を入れ、全面をこんがりと焼き付ける。牛乳を注ぎ、皮をむいた丸のままのにんにく、セージを加え、ふたをする。
3. 200℃に予熱したオーブンに入れ、1時間以上、時間があれば2時間、肉がやわらかくなるまで加熱する。
ル・クルーゼはそのままオーブンに入れてOK。鍋全体からやわらかく熱が加わる。
4. **3**の鍋から肉を取り出し、ふたをせずに煮汁をとろりとするまで煮詰める。塩、こしょうで味を調え、ざるでこしてソースにする。
5. 肉を1cm厚さに切って器に盛り、**4**のソースをかける。

［調理時間1時間20分～］

鶏の丸ごと煮

シンプルな塩味で静かに煮込み、鶏の旨みをひたすらに
引き出した料理。しっとりとやわらかく、ジューシーです。

材料（3～4人分）

丸鶏（内臓を取り除いたもの）
　1羽
にんにく（皮つき）　1片
しょうがの薄切り（皮つき）　2枚
長ねぎ（青い部分）　1本分
塩、ごま油、ゆずこしょう
　各適量

作り方

1. 鶏は水けをきれいに拭く。
2. 鍋に鶏、にんにく、しょうが、ねぎ、水10カップを入れ、強めの中火にかける。煮立ったらアクを除き、ふたをして弱火にし、1時間煮る。初めは塩を加えずに、香味野菜のみを加えて、肉の旨みを水に煮出していく。
3. 塩大さじ1を加え、さらに1時間以上、時間があれば2時間煮る。食べやすい大きさに切り分けて器にとり、ごま油、ゆずこしょう、塩など好みのものをつけて食べる。

［調理時間 2時間～］

※ゆで汁はおいしいだしが出ているのでスープとしていただく。

スペアリブとごろごろ野菜のポトフ

骨付き肉からにじみ出る濃厚なだしと、すべての野菜の
旨みが凝縮された、体にしみ渡るような豊かな味わい。

材料（3 ～ 4 人分）
豚スペアリブ　8 本
長ねぎ　1 本
にんじん　1 本
セロリ　1 本
かぶ　2 個
じゃがいも（メークイーン）　2 個
玉ねぎ　1 個
〈スパイス・ハーブ〉
ローリエ　1 枚
タイム　2 枝
クローブ　2 本
黒粒こしょう　4 粒
塩、こしょう、粒マスタード　各適量

作り方

1. 長ねぎは 7cm 長さに、にんじんは皮をむき、長さを半分に、セロリは長さを 3 等分に切る。かぶは皮を厚めにむき、じゃがいも、玉ねぎも皮をむき、丸のまま使う。
2. 鍋にスペアリブ、かぶるくらいの水（約 7 カップ）、スパイス・ハーブを入れ、強めの中火にかける。煮立ったらアクを除き、弱火にしてふたをし、1 時間煮る。
3. かぶ以外の野菜を加え、30 分煮る。続けてかぶ、塩小さじ 2 を加え、さらに 30 分煮る。
   ポトフは具の形を残し、濁りのないスープに仕上げたい料理なので、火が通るのが早く、煮崩れしやすいかぶは、後から加える。
4. 塩、こしょうで味を調え、器に盛り、マスタード、塩、こしょうをつけながら食べる。

［調理時間 2 時間 10 分～］

牛すじの赤ワイン煮

牛すじのようなかたい肉にこそ生きる、ル・クルーゼの力。
ワインとトマトのコクの中で、とろとろに煮えます。

材料（3～4人分）
牛すじ肉　400g
玉ねぎ　1個
にんにく　1片
セロリ　1本
にんじん　1本
マッシュルーム　1パック
ホールトマト缶　½缶
タイム　2枝
赤ワイン　2カップ
ローリエ　1枚
オリーブ油、バター　各大さじ1
塩、こしょう　各適量

作り方

1. 牛すじ肉はひと口大に切り、たっぷりの水とともに鍋に入れて火にかけ、一度ゆでこぼす。よく洗って鍋に戻し、たっぷりの水を入れて強めの中火にかける。煮立ったらアクを除いてふたをし、弱火にして1時間30分～2時間ゆでる。ざるにあげて洗い、水けをきる。**ル・クルーゼの重いふたをぴったりとしてゆでることで、軽く圧力がかかり、かたくて扱いづらい牛すじ肉がやわらかくなる。**
2. 玉ねぎは繊維を断ち切るようにして薄切り、にんにくは半分に切って芽を取り、包丁の腹でつぶす。セロリ、にんじんはひと口大の乱切りにし、マッシュルームは半分に切る。
3. 鍋にオリーブ油とにんにくを入れて弱火にかけ、香りが出たら玉ねぎを加え、薄く色づくまで炒める。牛すじ肉、セロリ、にんじんを加え、炒め合わせる。
4. 赤ワインを加えて煮立て、⅔量くらいまで煮詰める。トマト缶、水1カップ、タイム、ローリエ、塩小さじ2を加え、弱火で1時間以上、時間があれば2時間煮る。
5. フライパンにバターを入れて溶かし、マッシュルームをさっと炒め、**4**の鍋に加えて15分煮る。塩、こしょうで味を調える。

［調理時間 3時間～］

牛すね肉とれんこんの煮込み

牛すね肉から生まれるだしは、どっしりと深みのある味。
その煮汁を含んでほくほくに煮えたれんこんも美味。

材料（3～4人分）
牛すねかたまり肉　600g
れんこん　2節
昆布　10cm
しょうゆ、みりん　各大さじ2
塩、ごま油　各適量

作り方

1. 昆布は汚れを拭き、水5カップにつけて戻す。牛肉は4～5cm角に切り、煮立てた湯でさっとゆでる。れんこんは太いものは四つ割りに、細いものは半割りにして、5cm長さに切る。
牛すね肉は、煮込む前に一度ゆでておくことで血抜きになり、臭みが出るのを防げる。
2. 鍋に牛肉、昆布と戻し汁を入れ、強めの中火にかける。煮立ったらアクを除き、ふたをして弱火にし、1時間～1時間30分煮る。
3. れんこん、しょうゆ、みりん、塩小さじ½を加え、ふたをしてさらに1時間煮る。器に盛り、好みでごま油、塩をつけて食べる。

［調理時間2時間10分～］

Column

煮込み時間に合わせた塩の「塩梅」に

この本の中の煮込み料理は、「1時間煮込めば完全に火は通るが、時間があれば、さらに1時間火にかける」というように、レシピの加熱時間に幅をもたせています。ただし、ル・クルーゼがいくら気密性の高い鍋であるとはいっても、火にかける時間が1時間も違えば、味のしみ込み、煮詰まり加減など、仕上がりにはかなりの差が出るものです。掲載の塩の分量はあくまでも目安にし、最後に、よい塩梅になるよう味を調えてください。

Chapter 2

野菜料理

みずみずしさや歯応えを残すのではなく、くったり、しんなりとするまで十分に熱を加えた野菜は、深みのあるやさしい甘さ。ル・クルーゼは野菜の水分を引き出す力に長け、しかもその水分は、気密性の高い鍋の中にとじ込められて「煮込む水分」となるため、水っぽくならず、しっとりと旨み豊かに仕上がります。

スパイス風味のくたくたラタトュイユ

水分を引き出しながら熱を加え、くったりと煮崩れた野菜。
ひと口の中に、いろんな旨みが詰まっています。

材料(3〜4人分)
トマト　3個
玉ねぎ　1個
なす　3個
ズッキーニ　1本
パプリカ(黄)　1個
セロリ　1本
にんにく　1片
オリーブ油　大さじ2〜3
カレー粉、クミンシード
　各小さじ1
赤唐辛子　1本
サフラン　(あれば)ひとつまみ
塩　小さじ1
こしょう　適量

作り方

1. トマトは皮を湯むきし、種とそのまわりを取り除き、乱切りにする。玉ねぎは薄切り、なす、ズッキーニ、パプリカはひと口大より大きめの乱切りにし、セロリは2cm幅の斜め切りにする。にんにくは半分に切って芽を取り、包丁の腹でつぶす。
2. 鍋にオリーブ油、にんにく、唐辛子、カレー粉、クミンを入れて中火にかけ、にんにくが薄く色づいてきたら、玉ねぎを加えて炒める。
3. しんなりしたら、なす、セロリ、ズッキーニ、パプリカの順に加え、塩、こしょうをふって炒める。
4. トマト、サフランを加え、ふたをして弱火にし、野菜がくたくたになるまで30〜40分煮る。ふたをして加熱することで、素材から引き出される水分を蒸発させずに鍋の中に残し、その水分を使って煮込むことができる。

[調理時間 40分〜]

白菜のとろとろ煮

とろけるほどに煮えた白菜と、豚バラ肉の脂のコクが混ざり合い、シンプルだけれど豊かな旨みに。

材料（3 ～ 4 人分）

白菜　½ 個
豚バラ薄切り肉　150g
しょうがの薄切り　2 枚
塩　小さじ 1
酒　¼ カップ

作り方

1. 豚肉は長さを半分に切ってバットなどに入れ、塩をまぶして 30 分ほどおく。白菜は葉と軸に分け、それぞれざく切りにする。
2. 鍋に豚肉、しょうが、白菜の軸、豚肉、白菜の葉の順に重ね、酒、水 ½ カップを注ぎ、ふたをする。
この段階で白菜が山盛りでも、加熱すると水分が抜けて縮むので、押し込むようにしてふたをする。
3. **2** の鍋を弱火にかけ、1 時間蒸し煮にする。

[調理時間 1 時間 30 分～]

丸ごとキャベツの蒸し煮

キャベツそのものの水分で、じっくり蒸し煮に。
ベーコンの塩けがキャベツの甘みをより引き立てます。

材料（3 ～ 4 人分）

キャベツ　1 個

ベーコン　4 枚

酒　¼ カップ

塩　小さじ ⅓

作り方

1. キャベツは芯の反対側に十字に深く包丁を入れる。
2. 1 の切り込みにベーコンを 1 枚ずつ挟み、芯を下にして鍋に入れ、酒、水 ½ カップ、塩を加え、ふたをする。
   ル・クルーゼでの加熱によって加わる圧と、塩の力で、キャベツの水分が十分に出るので、初めに加える水分は少なくても OK。
3. 2 の鍋を弱火にかけ、1 時間蒸し煮する。食べやすい大きさに切り分けて器に盛る。

［調理時間 1 時間 10 分～］

クレソンのスープ

茎までくたくたに煮えたクレソンのおいしさを発見。
ほろ苦さが、鶏の旨みとよく合います。

材料（3～4人分）

クレソン　3束
鶏もも骨つき肉（ぶつ切り）　400g
長ねぎ（青い部分）　1本分
しょうがの薄切り　1枚
白粒こしょう　3～4粒
塩、こしょう　各適量

作り方

1. クレソンは長さを半分に切る。
2. 鍋に鶏肉、水6カップ、長ねぎ、しょうが、白粒こしょうを入れ、中火にかける。煮立ったらアクを除き、弱火にして、クレソンを加えてふたをし、1時間煮る。
   鶏肉の旨みをスープに出すため、塩は後から加える。骨からもいいだしが出る。
3. 塩小さじ1強を加え、さらに30分～1時間煮る。塩、こしょうで味を調える。

［調理時間 1時間30分～］

ごぼうのポタージュ

ごぼうに潜む滋味と、鶏のやさしいだし、牛乳のコクが
一体になった、深みのあるしみじみとした味わい。

材料（3～4人分）
ごぼう　1本
玉ねぎ　½個
ベーコン　2枚
鶏手羽先　2本
セージ　2～3枚
牛乳　1カップ
生クリーム　¼カップ
ローリエ　1枚
バター　大さじ1
塩、こしょう　各適量

作り方

1. ごぼうはたわしで皮をこすって洗い、ささがきにして水に5分さらし、水けをきる。玉ねぎは繊維を断ち切るように薄切りにする。ベーコンは1cm幅に切る。
2. 鍋にバターを入れて溶かし、玉ねぎを入れて炒める。薄く色づいたらベーコン、ごぼうを加えて塩少々をふり、しんなりするまで炒める。
3. 水5カップ、手羽先、セージ、ローリエを加え、煮立ったらアクを除き、ふたをして弱火にし、30分煮る。塩小さじ1を加え、さらに30分～1時間煮る。
   手羽先をたった2本でも入れて一緒に煮れば、野菜だけでは出せないコクが加わり、スープの素を使わなくても十分な旨みに。
4. セージ、ローリエ、手羽先を取り出し、手羽先は骨を除いて身をほぐし、戻し入れる。ミキサーでなめらかになるまで攪拌する。
5. **4**を鍋に戻し入れ、牛乳、生クリームを加え、ひと煮立ちさせる。塩、こしょうで味を調える。
   ［調理時間1時間20分～］

いろいろ野菜４種

いろいろ野菜のスープ

いろいろ野菜のくたくたピュレ

いろいろ野菜のパスタ

いろいろ野菜の蒸し焼き

大ぶりの野菜にじんわり火を入れるのは、ル・クルーゼの真骨頂。素材そのものの味を逃がさず堪能します。

材料（3 〜 4 人分）

じゃがいも（メークイーン） 1 個
玉ねぎ 1 個
かぶ 2 個
キャベツ ¼ 個
にんじん 1 本
オリーブ油 大さじ 2
塩 適量

作り方

1. じゃがいも、玉ねぎは皮をむき、かぶは皮つきで、丸のまま使う。キャベツはくし形の半分に切る。にんじんは 3 〜 4cm 長さに切る。
2. 鍋にオリーブ油を中火で熱し、かぶ、キャベツをこんがりと焼き付け、いったん取り出す。
3. 続けてじゃがいも、玉ねぎ、にんじんを入れ、同様にこんがりと焼き付ける。水 ¼ カップ、塩適量を加え、ふたをして弱火で 30 分蒸し焼きにする。
   かぶ、キャベツはやわらかくなるのが他の野菜よりも早いので、この段階では加えない。
4. かぶ、キャベツを加え、さらに 30 分蒸し焼きにする。

［調理時間 1 時間 10 分〜］

いろいろ野菜のスープ

半端な野菜を寄せ集め、手羽先と一緒にひたすら煮込むと、すべてが一体となり、まろやかなスープが生まれます。

材料（3 〜 4 人分）

玉ねぎ ½ 個
長ねぎ ½ 本
にんじん ⅓ 本
セロリ ½ 本
かぶ 2 個
キャベツ ⅙ 個
じゃがいも 1 個
ブロッコリー ½ 株
鶏手羽先 2 本
タイム 2 枝
オリーブ油 大さじ 2
塩 適量
ローリエ 1 枚
こしょう 適量

※野菜は上記以外にパプリカ、さやいんげん、小松菜、カリフラワーなどを入れても。

作り方

1. 野菜はすべて粗く刻む。
2. 鍋にオリーブ油を熱して **1** を入れ、塩少々を加えてふたをし、ときどきかき混ぜながら 5 〜 6 分加熱する。
   野菜は、塩をふってからふたをして加熱するので、水分、旨みが引き出されやすい。
3. 野菜がしんなりしたら、手羽先、タイム、ローリエ、水 5 カップを加えてふたをし、弱火で 1 時間 30 分〜 2 時間煮る。塩小さじ 1、こしょうで調味する。

［調理時間 1 時間 40 分〜］

いろいろ野菜のくたくたピュレ

とろりとやわらかく煮た野菜に、バターとチーズのコクを加えたピュレ。淡い色みの中に、深い甘みが潜んでいます。

材料（3～4人分）
玉ねぎ　½個
じゃがいも　2個
かぶ　2個
カリフラワー　½個
ブロッコリー　½個
オリーブ油　大さじ2
バター　大さじ1～2
パルメザンチーズのすりおろし　大さじ3
塩、こしょう　各適量

作り方

1. 玉ねぎは薄切りにし、それ以外の野菜は粗く刻む。
2. 鍋にオリーブ油を中火で熱し、玉ねぎを炒める。しんなりしたら残りの野菜を加え、1分ほど炒める。水¼カップ、塩小さじ½を加え、ふたをして弱火にし、ときどきかき混ぜながら、1時間煮る。
   この後、つぶしてピュレにするので、混ぜるときに野菜が崩れてもOK。
3. やわらかくなったら、木べらなどでざっとつぶし、仕上げにバター、パルメザンチーズを加えてさっと混ぜる。塩、こしょうで味を調えて器に盛り、好みでパルメザンチーズ適量（分量外）をふる。

［調理時間 1時間20分～］

いろいろ野菜のパスタ

塩ゆでにしたくたくた野菜をたっぷりとからめたペンネ。アンチョビの塩けでぐっと味が締まります。

材料（3～4人分）
ペンネ　120g
野菜（ブロッコリー、さやいんげん、パプリカ、キャベツなどをざく切りにしたもの）
　合わせて約2カップ
にんにく　½片
アンチョビ　3枚
オリーブ油
　大さじ2～3
塩、こしょう　各適量

作り方

1. 鍋に湯を沸かし、塩を加える（湯1ℓに対して塩小さじ2が目安）。
2. ペンネ、ざく切りにした野菜を加えてふたをし、ペンネの袋の表示通りの時間までゆでる。
   ふたをして加熱することで、野菜が十分にやわらかくなり、また、ペンネももっちりとしてコシのあるゆであがりになる。
3. にんにくは芽を取り、包丁の腹でつぶし、アンチョビは粗く刻む。
4. **2**のゆで汁大さじ3～4をとりおき、ざるにあげる。
5. フライパンにオリーブ油、にんにくを入れて弱火にかけ、香りが出たらアンチョビを加えて熱する。**4**のペンネと野菜を加えてさっと混ぜ、塩、こしょう、**4**のゆで汁で味を調える。

［調理時間 20分～］

オクラといんげんのトマト煮込み

分厚い鍋のやわらかい熱を受け、くったり煮えた
オクラといんげん。驚くほどの甘みを実感できます。

材料(3〜4人分)

オクラ　20本
さやいんげん　100g
玉ねぎ　¼個
にんにく　1片
ベーコン　2枚
ホールトマト缶　1缶
オリーブ油　大さじ1
塩、こしょう　各適量

作り方

1. オクラはへたのまわりをそぎ取る。いんげんはへたを切って長さを半分に切り、玉ねぎはみじん切りに、にんにくは半分に切って芽を取り、包丁の腹でつぶす。ベーコンは1cm幅に切る。
2. 鍋にオリーブ油とにんにくを入れ、弱めの中火にかける。香りが出たらベーコン、玉ねぎを加えてしんなりするまで炒め、オクラ、いんげんを加え、塩小さじ⅓、こしょう適量をふってさらに炒める。
   塩をふって炒めることで水分が引き出され、しんなりする。
3. トマト缶を加え、ふたをして30〜40分、弱火で煮る。塩、こしょうで味を調える。

[調理時間40分〜]

いんげんのサラダ

いつもより時間をかけて蒸しゆでにした、やわらかく
やさしい甘みのいんげんを、さっぱりとサラダ仕立てに。

材料（3 〜 4 人分）
さやいんげん　200g
塩　少々
〈ドレッシング〉
玉ねぎ、パセリのみじん切り　各大さじ 1
オリーブ油　大さじ 3
白ワインヴィネガー　大さじ 1
塩　小さじ ⅓
こしょう　少々

作り方

1. いんげんはへたを切り落とす。
2. 鍋に水 ½ カップ、塩を入れて中火にかけ、煮立ったらさやいんげんを加えてふたをし、8 〜 10 分蒸しゆでする。
少なめの水分で、ふたをして少し長めに蒸しゆでにすることで、いんげん独特のギシギシした筋っぽさがなくなる。
3. ざるにあげ、水けをきって皿に盛り、ドレッシングの材料を混ぜ合わせてかける。

［調理時間 15 分〜］

牛すじ大根

分厚く切った大根の中の中まで、牛すじの豊かなコクが
しみ込み、口いっぱいにその旨みが広がります。

材料（3 ～ 4 人分）

大根　⅔本
牛すじ肉　400g
だし　2カップ
酒　¼カップ
しょうゆ、みりん　各大さじ 2
塩　小さじ ½
粗びき黒こしょう　適量

作り方

1. 牛すじ肉はひと口大に切り、たっぷりの水とともに鍋に入れて火にかけ、一度ゆでこぼす。よく洗って鍋に戻し、たっぷりの水を入れて強めの中火にかける。煮立ったらアクを除いてふたをし、弱火にして 30 分ゆでる。ざるにあげて水で洗い、水けをきる。
2. 大根は厚めに皮をむき、3cm 厚さの半月切りにする。たっぷりの水とともに鍋に入れて中火にかけ、透き通るまで下ゆでする。
3. 鍋に牛すじ、だしを入れて煮立て、酒、しょうゆ、みりん、塩を加えて弱火にし、ふたをして 1 時間以上、時間があれば 2 時間煮る。大根も加え、さらに 1 時間煮る。
4. 火を止めてそのまま冷めるまでおき、もう一度火にかけ、さらに 10 分煮る。時間があれば、これを二度くらい繰り返す。器に盛り、黒こしょうをふる。

温度が下がるときに味がしみる原理を利用し、火を止めた後、余熱でそのままおく。厚手のル・クルーゼは保温性が高く、温度がゆっくり下がるので、中までじんわりと味が入る。

［調理時間 2 時間 50 分～］

ぶり大根

みずみずしい甘みの大根と脂ののったぶりは、文句なしの
相性。やさしい熱の中で奥深い味が醸し出されます。

材料（3～4人分）

大根　⅔本
ぶりのあら　600g
しょうがの薄切り　1枚
しょうがのせん切り　適量
酒　½カップ
しょうゆ、みりん　各大さじ3
砂糖　大さじ1½

作り方

1. 鍋にたっぷりの湯を沸かし、ぶりのあらをさっと湯通しし（養殖のぶりの場合は、脂が強いので一度軽くゆでたほうがよい）、冷水にとる。血合い、うろこなどを取り除き、水けをよくきる。
2. 大根は厚めに皮をむき、3cm厚さに切る。たっぷりの水とともに鍋に入れて中火にかけ、透き通るまで下ゆでをする。
3. 鍋にぶり、しょうがの薄切り、酒を入れて中火にかけ、煮立ったら水1½カップ、しょうゆ、みりん、砂糖を加え、大根を加えて落としぶたをし、鍋ぶたもして30分煮る。
落としぶたをして煮ることで、ぶりの旨みが全体にいきわたり、味にむらが出ない。
4. 火を止めてそのまま冷めるまでおき、もう一度火にかけ、さらに10分煮る。時間があれば、これを二度くらい繰り返す。器に盛り、しょうがのせん切りをのせる。

［調理時間 1時間～］

じゃがいもとねぎのブルーチーズ煮

牛乳でことことと煮たじゃがいもとねぎは、マイルドな
おいしさ。仕上げにブルーチーズをまとわせ、香り高く。

材料(3〜4人分)
じゃがいも　3個
長ねぎ　2本
牛乳　1カップ
ブルーチーズ　80g
塩、こしょう　各適量

作り方

1. じゃがいもは皮をむき、1cm厚さに切る。長ねぎは5cm幅のぶつ切りにする。
2. 鍋にじゃがいも、長ねぎ、牛乳を入れて弱火にかけ、ふたをして1時間、やわらかくなるまで煮る。
   牛乳が焦げつかないように、火加減はごく弱火にし、途中、木べらなどで何度か鍋底を混ぜるとよい。
3. ブルーチーズをほぐして加え、さっと煮溶かす。塩、こしょうで味を調える。
   [調理時間 1時間10分〜]

くたくたねぎのグラタン

くったり、とろとろに煮たねぎの甘みに、ハム、チーズの
塩けを合わせて焼いた、味わい豊かなグラタン。

材料（3 〜 4 人分）
長ねぎ　4 本
ハム　3 枚
生クリーム　½ カップ
チーズ（エメンタール、グリュイエールなど溶けるタイプ）　60g
バター　大さじ 1
塩、こしょう　各適量

作り方

1. 長ねぎは 6 〜 7cm 長さに切る。
2. 鍋にねぎ、水 ½ カップ、バター、塩、こしょう各少々を入れて中火にかけ、煮立ったら弱火に、ふたをして約 30 分煮る。やわらかくなったら火を止め、汁けを軽くきる。
ねぎはこの段階でやわらかく煮ておき、この後のオーブン調理では、熱々にして香ばしい焼き目をつけるのみに。
3. 耐熱皿にねぎを並べ入れ、ハムを細切りにしてのせ、生クリームをまわしかける。塩、こしょう各少々をふり、チーズをおろしてのせ、220℃に予熱したオーブンで 12 〜 13 分焼く。
［調理時間 1 時間〜］

たらとじゃがいものピュレ

ぽってり、クリーミーなひと口の中に、じゃがいもの甘み、
塩だらのどっしりした旨みが濃密に詰まったピュレ。

材料（3〜4人分）
じゃがいも　1個
甘塩たら　2切れ
にんにく　2片
タイム　1枝
牛乳　1½カップ
ナツメグ　少々
オリーブ油　大さじ3
塩、こしょう　各適量

作り方

1. たらは皮と骨を取り除き、ひと口大に切る。じゃがいもは四つ割りにする。にんにくは半分に切り、芽を取る。
2. 鍋に1、牛乳、タイム、ナツメグを入れて弱火にかけ、ふたをして30分煮る。
甘塩たらの塩けはものによって違うので、この段階では塩を加えず、最後に味をみて調える。
3. やわらかくなったら、ふたをとり、タイムを取り出し、木べらでじゃがいも、たらをつぶしながら混ぜ、水分をとばす。
4. 火を止めてオリーブ油を加え、練るように混ぜる。塩、こしょうで味を調えて器に盛り、パンにつけて食べる。

［調理時間40分〜］

バーニャカウダ

おだやかな熱の中で、やわらかく煮たにんにくをつぶして
ソースに。辛みもえぐみもない、まろやかな風味です。

材料（3～4人分）
にんにく　6片
アンチョビ　60g
牛乳　½カップ
オリーブ油　½カップ
バター　20g

作り方

1. にんにくは半分に切って芽を取り、牛乳とともに鍋に入れ、弱火にかけてふたをする。竹串がスッと通るまで20～30分煮て、にんにくを取り出す。
   にんにくの臭みは牛乳で煮ることで抑えられ、まろやかになる。
2. 鍋にオリーブ油、バター、1のにんにくを入れて弱火にかけ、5～10分煮る。
3. 鍋の中で木べらなどでにんにくをつぶし、アンチョビを加えて煮溶かす。器に盛り、ラディッシュなど好みの野菜につけて食べる。

［調理時間 40分～］

Column

豆の煮込み時間は たった10分？

豆料理は、ル・クルーゼの鍋の得意分野のひとつ。そこで覚えておきたいのが、豆に火を通すためには「煮立たせ続けなくてもよい」という特性です。特に、ル・クルーゼのような厚手で保温性の高い鍋で調理する場合、火から下ろした後の温度低下がゆるやかなので、余熱も十分な力になります。10分ほど火にかけ、あとは温かい場所に2〜3時間ほど置いて火を通す、というような調理もできるため、鍋につきっきりでいる必要もありません。

C h a p t e r 3

豆料理

ル・クルーゼを通して伝わるやさしい熱の中で煮込んだ豆は、しっとり、ふっくらとしていて、淡泊な味わいの向こうにある、まろやかな甘みや豊かな香りを感じさせてくれます。また、一緒に鍋に入れたかたまり肉や野菜、スパイスなどの旨みや風味もふんだんに含み、ことことと煮込むほど、味に厚みと力強さが増します。

ゆでたて豆のオイル＆チーズあえ

鍋全体から、やわらかい熱を伝えられるル・クルーゼの力で、
シンプルにゆでた豆が格別のごちそうに。

材料（3～4人分）
白いんげん豆（乾燥） 1カップ
タイム 2枝
ローリエ 1枚
オリーブ油、バター、パルメザンチーズのすりおろし、塩、こしょう 各適量

作り方

1. 豆はたっぷりの水にひと晩つけてもどす。
2. 1の水を捨て、新たにたっぷりの水、ハーブとともに鍋に入れ、中火にかける。煮立ったら弱火にしてふたをし、やわらかくなるまで1時間～1時間30分（大粒なら2時間以上）ゆでる。
   にんじんの皮、半端な玉ねぎやセロリなどのくず野菜があれば、一緒に加えてゆでると風味づけになってよい。
3. ゆで汁をきり、熱々のうちに器に盛り、オリーブ油をまわしかけ、バター、チーズをのせ、塩、こしょうをふってあえて食べる。

［調理時間 1時間～］

いんげん豆とベーコンの煮込み

かたまりのベーコンの力強いコク、旨みのある塩けを、
豆にじっくりと煮含めて味わい尽くします。

材料（3 ～ 4 人分）

白いんげん豆（乾燥）　1½ カップ
ベーコン（かたまり）　250g
にんにく　1 片
タイム　2 枝
セロリ（細い部分）　10cm
ローリエ　1 枚
塩　小さじ ⅓ ～ ½
こしょう　適量
オリーブ油　少々

作り方

1. 豆はたっぷりの水にひと晩つけてもどす。ベーコンは 5cm 角に切る。
2. もどした豆は水を捨て、新たに水 4 カップとともに鍋に入れ、ベーコン、丸ごとのにんにく、タイム、セロリ、ローリエを入れて中火にかける。煮立ったら弱火にしてふたをし、1 時間以上、時間があれば 2 時間煮る。
3. 塩、こしょうで味を調え、仕上げにオリーブ油を加える。
ベーコンの塩けによって煮上がりの味に差が出るので、塩の量は、味をみて調整する。

［調理時間 1 時間～］

ひよこ豆の玄米ピラフ

豆のほっくり感と玄米のプチプチ感がくせになります。
食べ応えがあるのに重くない、ヘルシーなピラフです。

材料（3～4人分）

ひよこ豆（乾燥）　1/3カップ
玄米　2カップ
豚バラかたまり肉　150g
玉ねぎ　1/6個
オリーブ油　大さじ1
タイム　1枝
塩、こしょう　各適量

作り方

1. ひよこ豆、玄米は、それぞれたっぷりの水にひと晩つける。
2. ひよこ豆は水を捨て、新たにたっぷりの水とともに鍋に入れて中火にかける。煮立ったら弱火にしてふたをし、やわらかくなるまで1時間～1時間30分ゆでる。
3. 豚肉は1cm角に切り、塩小さじ1をまぶして30分ほどおく。玉ねぎはみじん切りにする。玄米はざるにあげて水けをきる。
4. 鍋にオリーブ油を熱し、豚肉を薄く色づくまで炒め、いったん取り出す。同じ鍋で玉ねぎを炒め、しんなりしたら玄米を加えて透き通るまで炒める。
   豚肉を炒めた鍋で玉ねぎ、玄米を炒め、バラ肉特有の旨みを全体にいき渡らせる。
5. **4**に水3カップを注ぎ、豚肉、ひよこ豆、タイムをのせ、ふたをして弱めの中火にかける。煮立ったら弱火にし、20～25分加熱する。火を止め、15～20分蒸らしてから全体を混ぜ、塩、こしょうで味を調える。

［調理時間　2時間～］

レンズ豆とほうれん草のカレー

じっくり煮たほうれん草のほろ苦さの奥に、
しっとりとした豆のやさしい甘みが潜んでいます。

材料（3～4人分）
レンズ豆（乾燥）
　1カップ
玉ねぎ　1個
にんにく　1片
しょうが　1かけ
にんじん　½本
セロリ　½本
ほうれん草　1わ
オリーブ油　大さじ2
好みのスパイス（クミンシード、コリアンダー、ターメリックなど合わせて）
　大さじ1
カレー粉　大さじ3
赤ワイン　½カップ
塩　小さじ2
トマトケチャップ、ウスターソース　各大さじ1

作り方

1. レンズ豆は洗って鍋に入れ、たっぷりの水を加えて火にかけ、一度ゆでこぼす。玉ねぎ、にんにく、しょうがはみじん切り、にんじん、セロリは1cm角に切り、ほうれん草は1cm幅に切る。
2. 鍋にオリーブ油を中火で熱し、にんにく、しょうが、玉ねぎと、クミンシードなどのホールタイプのスパイスを入れ、きつね色になるまで炒める。
3. にんじん、セロリを加えて炒め、しんなりしたら、ほうれん草も加えて炒め合わせ、カレー粉、残りのスパイスを加えてさっと炒める。
4. 赤ワインを注いでひと煮立ちさせ、水4カップ、レンズ豆、塩、ケチャップ、ウスターソースを加える。煮立ったら弱火にしてふたをし、20分ほど煮る。

ブイヨンを使わないので、見た目よりさらりとした味わい。鶏の手羽先を1～2本加えて一緒に煮込んでもいい。

［調理時間 30分～］

ひよこ豆と子羊のトマト煮

ラム肉特有の風味や、トマトの濃厚な旨みが鍋の中で
溶け合って深みを増し、豆にじんわりとしみ入ります。

材料(3～4人分)
ひよこ豆　1カップ
ラムチョップ　4本
玉ねぎ　½個
にんにく　1片
ホールトマト缶　½缶
タイム　2枝
ローリエ　1枚
塩、こしょう　各適量
オリーブ油　大さじ1

作り方

1. 豆はたっぷりの水にひと晩つけてもどす。水を捨て、新たにたっぷりの水とともに鍋に入れ、中火にかける。煮立ったら弱火にしてふたをし、やわらかくなるまで1時間～1時間30分ゆでる。豆とゆで汁に分け、ゆで汁は2カップとりおく(2カップに満たなければ水を足す)。
2. 玉ねぎは薄切りにし、にんにくは半分に切って芽を取り、包丁の腹でつぶす。ラムチョップは塩、こしょう各少々をふる。
3. 鍋にオリーブ油を中火で熱し、ラムの背の脂の部分、側面を軽く焼き付け、いったん取り出す。
   ラムは、特に背の脂の部分をカリッとするまでしっかり焼き付けることでおいしく仕上がる。
4. 続けてにんにくを入れて中火で熱し、香りが出たら玉ねぎを加えて炒める。しんなりとしたら、ラムを戻し入れ、豆、豆のゆで汁、トマト缶、塩小さじ1、タイム、ローリエを加える。煮立ったら弱火にしてふたをし、1時間煮込む。

[調理時間　2時間～]

炒り大豆と手羽先のうま煮

焼き付けた手羽先がコクのもと。大豆が濃厚な茶色に
染まるくらいまで、しっかり味をしみ込ませます。

材料（3～4人分）
大豆（乾燥）　100g
鶏手羽先　6本
サラダ油　少々
酒　大さじ2
しょうゆ　大さじ4
みりん　大さじ3
砂糖　大さじ1
粗びき黒こしょう　適量

作り方

1. 大豆はさっと洗い、水けを拭く。熱したフライパンに入れ、皮が少しはじけるまでから炒りする。
   大豆を煮込む前に炒っておくことで、香ばしさが加わる。また、味もしみ込みやすくなる。
2. フライパンにサラダ油を熱し、手羽先の皮目のみをこんがりと焼き付ける。
3. 鍋に大豆、水2カップを入れて中火にかける。煮立ったら手羽先、酒、しょうゆ、みりん、砂糖を加え、弱火にしてふたをし、30～40分煮込む。器に盛り、黒こしょうをふる。
   ［調理時間50分～］

ぜんざい

ル・クルーゼの余熱の力で、ふっくらと繊細に
煮あげたぜんざい。雑味のないやさしい甘みが身上です。

材料（3～4人分）

小豆（大納言・乾燥）　1½カップ
砂糖　250g
塩　少々

作り方

1. 小豆はたっぷりの水にひと晩つけてもどす。水を捨て、新たにたっぷりの水とともに鍋に入れ、弱火にかけていったんゆでこぼす。
2. 鍋に小豆を戻し、水2カップを入れて中火にかける。煮立ったら水1カップを加え、ふたをする。再び煮立ったら、弱火にして30～40分ゆで、火を止めて30分蒸らす。
   煮立ってからもう一度加える水を「びっくり水」という。素材の表面の温度上昇を抑えることで、全体に均一に火が通り、煮崩れも防げる。
3. **2**に砂糖、塩を加えて弱火にかけ、かき混ぜずにときどき揺するようにしながら、30分ほど煮る。白玉団子、餅などと一緒に食べる。

［調理時間 1時間10分～］

いんげん豆のモンブラン

ほこっと煮えた豆のナチュラルな甘み、ふくよかな滋味が
口の中にふんわり広がる、新・モンブラン。

材料（直径5cm×10個分）

白いんげん豆（乾燥）　1カップ
砂糖　150g＋クリーム用小さじ1
塩　少々
無塩バター　80g
生クリーム　½カップ
グラニュー糖　大さじ1
ラム酒　大さじ½
カステラ（市販品）　⅓本

作り方

1. 豆はたっぷりの水にひと晩つけてもどす。水を捨て、新たにたっぷりの水とともに鍋に入れ、弱火にかけていったんゆでこぼす。
2. 鍋に豆を戻し、水1カップを加えて火にかける。煮立ったら水1カップを加え（びっくり水。ぜんざいの作り方参照）、ふたをする。再び煮立ったら、弱火にして40～50分ゆで、火を止めて30分蒸らす。
   白花豆、大福豆など大粒のいんげん豆を使う場合は、さらに時間をかけてやわらかくゆでる。
3. **2**に砂糖、塩を加えて弱火にかけ、かき混ぜずにときどき揺するようにしながら、30分ほど煮る。飾り用に10粒を取りおき、残りとバターをフードプロセッサーに入れ、なめらかになるまで回す。
4. ボウルに生クリーム、クリーム用の砂糖を入れ、底を氷水に当てて泡立て器で八分立てにする。小鍋に水大さじ3、グラニュー糖を合わせてひと煮立ちさせ、ラム酒を加えてシロップにする。
5. カステラを1cm厚さに切り、直径5cmの丸型で抜き、**4**のシロップを刷毛でしみ込ませる。上に**3**、**4**のクリームをのせ、取りおいた豆の甘煮をのせる。

［調理時間 1時間50分～］

Column

手羽先２本から生まれるだし

固形や顆粒のスープの素は、料理のベースを補強してくれる便利な存在ではありますが、時間をかけて煮込む料理の場合、手羽先さえあれば、スープの素は必要ありません。ほかの素材と一緒に１～２本の手羽先を鍋に入れて煮込めば、肉と骨から十分にだしが出ます。冷凍庫に手羽先を常備しておけば、必要なときにいつでも使うことができ、重宝。その場合は、冷凍臭を落とすためにさっと水をかけ、水けを拭き取ってから使ってください。

Chapter 4

スープ

スープは、素材の旨みをふんだんに引き出し、その豊かなだしを味わう料理。ル・クルーゼの鍋の特性が遺憾なく発揮される料理といえます。水からじっくり煮出したり、初めに油で炒めて旨みを抽出したり、乾物なら水でゆっくりともどしたり……と、素材に合った下ごしらえや加熱方法が、ぜいたくなおいしさを作り上げます。

チキンブイヨン

ことこと静かに煮出したクリアな旨み。そのままシンプルに
味わうのはもちろん、さまざまな料理のベースにも。

材料（作りやすい分量）
鶏手羽先　8本
玉ねぎ　1個
にんじん、セロリ　各½本
セロリの葉　適量
長ねぎ（青い部分）　1本分
タイム　2～3枝
パセリの軸　2本
クローブ　2本
ローリエ　1枚
白粒こしょう　3～4粒
塩　適量

※にんじん、セロリの分量は目安。
スープの風味づけ用なのでくず野菜
でよい。大きめに切って煮、ポトフ
のように食べてもおいしい。

作り方

1. 手羽先は水でよく洗う。玉ねぎにクローブを刺し、にんじん、セロリはぶつ切りにする。
2. 鍋に1、長ねぎ、タイム、パセリの軸、セロリの葉、ローリエ、粒こしょう、水2ℓを入れて中火にかける。アクが出たら除き、弱火にしてふたをし、1時間煮る。途中、15分ほどでセロリの葉を取り除く。
水に鶏のだしを出すことが目的なので、旨みを閉じ込める働きをする塩は、この段階では加えない。
3. 2をこしてスープをとり、塩を加える（このままスープとして飲む場合は、大さじ1程度。他の料理のベースのスープとして使う場合は、ごく少量に）。

［調理時間 1時間30分～］
※冷蔵庫で2～3日保存可。

えびとあさりのトマトスープ

えびの頭や殻からにじみ出る濃厚なだしと、あさりの
ふくよかなだしが渾然一体となり、味に奥行きが増します。

材料（作りやすい分量）
えび（有頭） 250g
あさり（砂抜き） 300g
トマト　2個
玉ねぎ　½個
セロリ　½本
にんにく　1片
白ワイン　½カップ
カレー粉　小さじ1
レモングラス（乾燥） 1枚
サフラン　（あれば）ひとつまみ
オリーブ油　大さじ2
塩、こしょう　各適量

作り方

1. えびは塩水で洗い、頭、殻、身に分ける。あさりは殻をこすり合わせて洗う。トマトは皮を湯むきし、種とそのまわりを取り除き、ざく切りにする。玉ねぎ、セロリは薄切りにし、にんにくは半分に切って芽を取る。
2. 鍋にオリーブ油大さじ1、にんにくを入れて中火で熱し、香りが出たらえびの頭と殻を入れ、3～4分炒める。
   えびの殻を木べらでつぶすようにしながら炒め、油に旨みをしっかり移す。
3. 白ワインを注ぎ、煮立ったら水5カップを注ぐ。再び煮立ったら弱火にしてふたをし、20～30分煮る。こしてスープをとる。
4. 鍋にオリーブ油大さじ1を中火で熱し、トマト、玉ねぎ、セロリを炒める。しんなりとしたらカレー粉をふり入れてさらに炒め、**3**のスープ、レモングラス、サフランを加える。煮立ったら弱火にしてふたをし、20分煮る。
5. あさり、えびの身を加えてひと煮し、あさりの口があいたら火を止め、塩、こしょうで味を調える。

［調理時間 1時間～］

干し貝柱と冬瓜のスープ

ル・クルーゼから伝わるおだやかな熱によって、貝柱の
やわらかな甘みが引き出され、やさしいスープに。

材料（3～4人分）

干し貝柱　6個
冬瓜　¼個
しょうがの薄切り　1枚
長ねぎ（青い部分）
　1本分
酒　¼カップ
塩　適量

作り方

1. 貝柱はかぶるくらいの水にひと晩つけてもどす。もどし汁に水を足し、5カップにする。
貝柱は数時間でもどせるが、ひと晩かけてゆっくりもどすことで、よりふっくら、やわらかになる。

2. 冬瓜はわたを取り除き、皮を薄めにむき、ひと口大より大きめに切る。

3. 鍋に**1**、**2**、酒、しょうが、ねぎを入れて中火にかけ、煮立ったら弱火にしてふたをし、30分煮る。塩小さじ1強を加えてさらに30分煮て、塩で味を調える。

［調理時間 1時間10分～］

干ししいたけと鶏手羽のスープ

しいたけのしっかりとした風味と、鶏のだしが鍋の中で
複雑に融合し、丸みのある味わいが生まれます。

材料（3〜4人分）
鶏手羽先　4本
干ししいたけ　4枚
くこの実（乾燥）　8粒
せり　1わ
酒　¼カップ
塩、こしょう　各適量

作り方

1. 干ししいたけはよく水洗いし、かぶるくらいの水にひと晩つけてもどす。もどし汁に水を足し、5カップにする。手羽先は水洗いする。
2. 鍋に**1**、酒、くこの実を入れ中火にかける。煮立ったらふたをして弱火にし、30分煮る。塩小さじ1を加え、さらに30分煮る。
   くこの実は中華の薬膳料理、粥、スープなどに使われる食材。独特の甘みがあり、一緒に煮込むことで複雑な味わいになる。
3. せりを粗く刻んで加え、ひと煮立ちさせ、塩、こしょうで味を調える。

［調理時間　1時間〜］

Column

「余熱」や「煮直し」にも頼る

煮込み料理は、必ずしも「煮続ける」必要はありません。この本で紹介している煮込み料理の多くは、加熱に１時間以上かけていますが、１時間以降は、火を止めて余熱でしばらくおいたり、冷たくなったら食べる前にもう一度温め直したり……と、温度と時間を自由に操っても構わないのです。これなら、ほかのメニューの進み具合や、生活のリズムに合わせて、火に縛られることなく煮込みを楽しむことができ、また、省エネにもなります。

C h a p t e r 5

保存食

ずっしり重いル・クルーゼの中で、素材の余分な水分を引き出しながら加熱して作る保存食。水分が抜けることで日もちがよくなり、塩や油の殺菌効果も、それを助けます。しっかりと効かせた塩けが、時間がたつにつれ、素材そのものの旨みとしっとりとなじみ、ギュッと濃縮されたような深みのある味わいが生まれます。

鴨のリエット

フレンチの定番保存食。スパイスとともにじっくり煮込んだ
肉をほぐして作る、旨みの詰まったペーストです。

材料（作りやすい分量）

鴨胸肉　1枚（200g）
豚バラかたまり肉　300g
サラダ油　少々
白ワイン　½カップ
ローリエ　1枚
クローブ　1粒
ナツメグ　少々
塩、こしょう　各適量
無塩バター　60g

作り方

1. 豚肉は4～5cm角に切る。
2. 鍋にサラダ油を中火で熱し、鴨肉、豚肉の全面にこんがりと焼き色をつける。
3. 白ワインを注いでひと煮立ちさせ、肉がひたる程度の水を注ぎ、ローリエ、クローブ、ナツメグ、塩小さじ1½を加える。再び煮立ったら弱火にしてふたをし、1時間煮る。クローブは取り除く。

   2種類の肉を一緒に煮ることで、味わい深く、バランスのとれた風味になる。
4. **3**の肉を煮汁から取り出し、⅔量をフードプロセッサーに入れてなめらかになるまで回す。残りの肉は糸状になるようにフォークでほぐす。
5. ボウルに**4**の肉を合わせ、**3**の鍋に残した煮汁（¼カップ程度）、バターを加え、やわらかく練り混ぜる。塩、こしょうで味を調える。保存容器に入れ、冷蔵庫で保存する。

［調理時間 1時間30分～］

※1週間ほど冷蔵保存可。

かきのオイル煮

かきに塩をして炒めると、驚くほどの水分が。その旨みを閉じ込めながら煮て保存食にし、ゆっくりいただきます。

材料（作りやすい分量）
かき（生食用）　400g
塩　適量
オリーブ油　大さじ2
オイスターソース
　小さじ1
こしょう　適量

作り方

1. かきはざるに入れ、塩水の中でふり洗いし、水けをきる。
2. 鍋にオリーブ油、かきを入れ、塩、こしょう各少々をふって中火にかけ、混ぜながら加熱する。かきの水分が出てきたら、オイスターソースを加え、汁けがなくなるまで炒め煮にする。
   かきから出るたっぷりの水分には、旨みが詰まっているので、混ぜながらゆっくりとかきに含ませる。
3. 保存瓶に入れ、オリーブ油（分量外）を全体にからむ程度にまわしかけ、冷蔵庫で保存する。

［調理時間 20分～］

※1週間ほど冷蔵保存可。

砂肝のコンフィ

コンフィとは低温の油でゆっくりと煮る料理。一定の温度で加熱できるオーブン調理に向いています。
ラードを使うことで、淡泊な砂肝にまろやかなコクが加わります。

材料（3 ～ 4 人分）
砂肝　300g
タイム　3 枝
ラード　200g
塩、こしょう
　各適量
マスタード　適量

作り方

1. 砂肝は半分に切り、白い部分をそぎ取り、裏側に数本切り目を入れる。塩大さじ½、こしょうをふり、タイムと一緒にポリ袋に入れ、1～2時間、時間があればひと晩、冷蔵庫におく。
2. 1の砂肝の水けを拭いて鍋に入れ、ラードを加えて弱火にかける。ラードが溶けたらふたをし、100℃のオーブンで1時間加熱する。
3. ラードごと保存容器に入れ、冷蔵保存する。白く固まったラードを取り、熱したフライパンで温め直し、塩、こしょうをふり、マスタードをつけて食べる。

焼き縮みを防ぐため、さっと焼く程度にする。

［調理時間 2時間～］

※1週間ほど冷蔵保存可。

手羽先のコンフィ

ラードでじんわり煮ると、あっさりとした鶏が豊かな旨みに。
食べるときには表面をこんがりと焼いて。

材料（作りやすい分量）

鶏手羽先　8本
にんにく　4片
タイム　3枝
塩、こしょう　各適量
ラード　200g
粗びき黒こしょう　適量

作り方

1. 手羽先は水けをよく拭き、塩大さじ½、こしょうをふる。タイムと一緒にポリ袋に入れ、1～2時間、時間があればひと晩、冷蔵庫におく。
2. 手羽先をポリ袋から出し、水けを拭いて鍋に入れ、皮ごとのにんにく、ラードを加えて弱火にかける。ラードが溶けたらふたをし、100℃に予熱したオーブンに鍋ごと入れ、80分加熱する。
3. 粗熱がとれたら、煮たラードごと保存容器に入れ、冷蔵庫で保存する。白く固まったラードを取り、熱したフライパンで手羽先の皮目だけこんがりと焼く。一緒ににんにくも温め、塩適量、黒こしょうをふって食べる。じゃがいもソテー（右記参照）を添えるとおいしい。

［調理時間 2時間30分～］

※1週間ほど冷蔵保存可。

じゃがいもソテー

コンフィから生まれたラードを生かしたつけ合わせ。
鶏の風味がじゃがいもに移り、リッチなおいしさです。

材料（3～4人分）

じゃがいも　2個
エシャロット（あれば）1個
イタリアンパセリ　2枝
コンフィに使ったラード　大さじ1強
塩、こしょう　各適量

作り方

1. じゃがいもは1.5cm角に切り、水に10分さらし、水けをよく拭く。エシャロット、イタリアンパセリはみじん切りにする。
2. フライパンにラードを弱めの中火で熱し、じゃがいもを入れ、表面を焼きつけるようにしてゆっくりと炒める。
3. 透き通り、表面が色づきはじめたら、エシャロットを加えて香りが出るまで炒め合わせ、塩、こしょうで調味し、イタリアンパセリを加えて混ぜる。

［調理時間 15分］

平野由希子［ひらの・ゆきこ］

ひつじ年生まれ。お酒とフレンチをこよなく愛する料理研究家。フランスの「エコール・リッツ・エスコフィエ」などで料理を学ぶ。現在、広告や雑誌、書籍などで幅広く活躍中。著書に『「ル・クルーゼ」だから、おいしい料理』（グルマンクックブックアワード2003、Best Innovative Book部門入賞）『「ル・クルーゼ」で、おいしい和食』『「ル・クルーゼ」で、つくりたい料理』（ともに小社刊）、近著に『天然酵母のおいしいパン』（KKベストセラーズ）、『知らなかった野菜のおいしさに出会える72の方法』（PHP研究所）などがある。

staff

料理・スタイリング……平野由希子

撮影……広瀬貴子

ブックデザイン……岡本健＋

取材・文……保田さえ子

料理アシスタント……稲中寛子

校正……鳥光信子

編集……中野さなえ（地球丸）

撮影協力

ル・クルーゼ ジャポン ☎03-3585-0198

アムス工房 ☎053-440-6636

ル・クルーゼで料理2
ゆっくりつくる編

2006年4月10日 初版第1刷発行

著 者………平野由希子

発行者……菅井康司

発行所……株式会社 地球丸

〒105-0004
東京都港区新橋6-14-5
03-3432-7918（編集部）
03-3432-7901（営業部）
http://www.chikyumaru.co.jp/
印刷・製本……大日本印刷株式会社

ISBN4-86067-127-9